L'EXIL

DE

JEAN-JACQUES ROUSSEAU

CONDITIONS DE LA SOUSCRIPTION :

Comme cette édition est spécialement destinée aux souscripteurs, — avec une dédicace, de la plume de l'auteur, — elle ne se vendra pas en librairie.

Les personnes qui désireraient souscrire, sont priées de remettre leur nom et leur adresse dans les principaux cafés et les principales librairies de Clermont, Thiers, Roanne, Saint-Etienne, Gannat et Vichy.

Le prix de la souscription est de **deux francs** pour chaque exemplaire.

S'adresser à M. **Tapon Fougas,** poste restante, à Clermont-Ferrand, et à M. Ducros-Paris, Imprimeur-Libraire.

Clermont-Ferrand, typ. Ducros-Paris, rue St-Genès, 5.

F. TAPON FOUGAS

L'EXIL

DE

J. J. ROUSSEAU

COMÉDIE

EN CINQ ACTES ET EN VERS

POUR CONCOURIR

AU LEGS DE Mme Vve LANDRIEU

Vitâm impendere vero.

TOME IX. — THÉATRE

CLERMONT-FERRAND, CHEZ L'AUTEUR-ÉDITEUR

RUE DALLET, MAISON CHRISTMANN

(Ecrire *poste restante.*)

POUR SERVIR DE PRÉFACE

A MONSIEUR

LE MAIRE DE CLERMONT-FERRAND.

Monsieur le Maire,

Le 2 août 1869, on lisait dans le *Figaro* l'entre-filet suivant que reproduisaient, le lendemain, tous les journaux de la grande et de la petite presse parisienne (*).

(*) N'aurions-nous pas un peu le droit de demander aux journaux de province pourquoi ils gardent un silence si complet sur les legs que font, de loin en loin, quelques âmes élevées et généreuses, au profit d'écrivains dont elles ne doivent jamais savoir le nom, et que leur œuvre et leur inspiration doivent seules désigner au choix de l'Académie française.

Dans tous les cas, nous pensons que ces journaux ont trois fois tort de ne pas profiter de ces circonstances si rares pour exciter la plus noble émulation : 1° dans le cœur des vrais poètes et écrivains que le pays couve dans son sein peut-être à son insu ; 2° pour rappeler aux personnes âgées et sans héritier direct combien il leur est facile de laisser autour de leur nom une auréole lumineuse, en fournissant peut-être à une œuvre de génie une occasion providentielle de se produire. Il est certain, en effet, quelle que puisse être la fortune de l'œuvre que nous publions aujourd'hui, qu'elle n'eût probablement jamais existé, si le 2 août dernier, le hasard n'eût placé *le Figaro* sous notre main.

« Mme veuve Landrieu, décédée à Paris le 14 avril 1869, a laissé un testament par lequel elle lègue une somme de *trois mille piastres fortes de la dette différée d'Espagne*, à l'écrivain qui aura obtenu de l'Académie française un prix pour une comédie ou une tragédie en vers, dans l'année qui a précédé ou dans l'année qui suivra son décès.

» Afin de réaliser les généreuses intentions de Mme Landrieu, l'Académie française a décidé qu'elle attribuerait un prix, dans le cours du mois de mars 1870, à l'auteur de la meilleure comédie ou tragédie en vers, en cinq actes, *imprimée* ou *représentée* depuis le 14 avril 1868. »

(Extrait du *Figaro* du 2 août 1869.)

Le jour même, Monsieur le Maire, où cet avis était publié, nous avons commencé une comédie en vers, en cinq actes, intitulée :

L'EXIL DE J. J. ROUSSEAU.

Nous nous occupons aujourd'hui très-activement de mettre la dernière main à cette œuvre nouvelle, à peu près terminée déjà depuis plusieurs jours.

Nous avons mis en scène, dans cette comédie, un des caractères les plus originaux, les plus sympathiques et les plus grands de la période littéraire rénovatrice de notre histoire que nous avons prise, pour ainsi dire, dans sa plus intéressante période d'incubation. C'est, en effet, le Rousseau de 1757 à 1762 que nous montrons écrivant, pensant, parlant et agissant, au moment même où il enfantait ses plus magnifiques œuvres, qui sont restées et qui resteront à jamais le plus admirable spécimen de la langue française, en même temps que les aspirations les plus hardies, les plus fécondes et des plus pratiques de l'esprit humain.

Espérons donc, Monsieur le Maire, que notre inspiration ne sera pas restée trop au-dessous d'un pareil sujet; plusieurs de nos amis de Clermont, de Thiers, de Roanne, etc., etc., qui ont bien voulu nous donner la plus gracieuse hospitalité pendant l'enfantement de cette œuvre, et auxquels nous l'avons lue à mesure que nous l'écrivions, nous ont tous affirmé que cette comédie, si essentiellement historique, et si vraie sous tous les rapports, est un des ouvrages les plus heureux et les plus capitaux qui soient sortis de notre plume, parfois un peu trop hâtive et improvisatrice.

En attendant la décision de l'Académie française, relativement au legs de Mᵐᵉ Vᵛᵉ Landrieu, et surtout en attendant qu'il plaise à M. le Directeur du théâtre de cette ville, — auquel nous en avons déjà parlé,—dans l'intérêt et pour l'honneur de notre pays natal, oui, en attendant qu'il se décide à mettre cette comédie en répétition, avant tous, puisque c'est à Clermont que nous l'avons commencée, conçue et écrite en grande partie, notre intention serait d'en faire des LECTURES PUBLIQUES et partielles dans les principales

localités des départements du Puy-de-Dôme, de
la Loire, de l'Allier et autres départements cir-
convoisins.

Les premières de ces lectures seraient faites,
dans chaque localité, au bénéfice des familles
d'ouvrier sans travail, ou des victimes d'accidents
locaux si fréquents, en ce moment, dans tous nos
départements, surtout dans celui de la Loire qui
nous est cher à tant de titres.

Ces lectures auraient en même temps pour but,
comme le généreux legs de Mme veuve Landrieu,
— qui nous a inspiré si soudainement cette comédie régénératrice — de contribuer, de toutes
nos forces, à remettre en honneur, dans toutes
les classes, la haute et véritable comédie littéraire
de caractère et de sentiment, et vraiment historique; n'est-ce pas celle que nous avons inau-
gurée dans notre grand drame de *Jérôme Savo-
narole,* il y a déjà dix ans, et dont notre très-cher
maître et ami Ponsard (1), nous avait déjà donné

(1) Nous apprenons, à l'instant, que l'inauguration de
la statue de Ponsard, à Vienne, doit avoir lieu dimanche
prochain, 17 octobre 1869. Nous regrettons, de toute
notre âme, que plusieurs raisons essentielles et, entre
autres, les soins à donner ce même jour à l'impression
de cette comédie, ne nous permettent pas d'aller remplir
un devoir qui nous serait si cher, en représentant, en
même temps, à cette glorieuse solennité, notre chère Au-
vergne poétique et littéraire.
Puisse, au moins, le souvenir que nous consacrons
ici à cet hommage national au poète de notre siècle,
qui a réagi le plus vigoureusement, par son talent et

le premier exemple dans sa *Charlotte Corday,* qu'il a poursuivi depuis dans son *Lion amoureux* et dans *Galilée,* et que nous continuerons aussi longtemps que Dieu nous en donnera le pouvoir et la force?...

N'est-ce pas là, du reste, depuis vingt ans déjà, notre plus chère, notre plus constante, notre plus réelle ambition? Avons-nous cessé, depuis lors, un seul jour, de nous montrer sur la brèche, prêt à sacrifier notre repos, notre fortune et notre vie pour combattre, *unguibus* et *rostro,* cette littérature détestable qui n'a abouti, jusqu'à ce jour, qu'à enfanter des œuvres monstrueuses et des forfaits inouïs, et ce délire et cette folie qui a, pour ainsi dire, entraîné toute la population de Paris et de la France entière sur le bord d'un trou immonde et sanglant, où un monstre avait entassé sept victimes de la même famille, femme et enfants.

Nul événement, en effet, ne pouvait venir donner une consécration plus éloquente, et plus solennelle et plus logique, au but et à l'esprit de notre œuvre nouvelle, — ne pourrions-nous dire même de notre œuvre tout entière, depuis vingt

par son caractère, contre toutes les tendances littéraires les plus déplorables de notre époque, puissent ces lignes nous remplacer auprès des paroles chaleureuses, éloquentes et sympathiques, qui salueront, les premières, le noble front et les traits impérissables de notre glorieux confrère, maître et ami!

F. T.-F.

14 octobre 1869.

1*

ans ! — où l'on voit, d'un bout à l'autre, le
grand spectacle de la lutte du spiritualisme, de
l'indépendance, de la générosité, du désintéres-
sement le plus absolu, en un mot, de l'esprit,
de la morale et de la vertu, contre le matérialisme
le plus révoltant, c'est-à-dire contre la cupidité,
l'égoïsme, l'intrigue, le servilisme et les appétits
les plus effrénés de toutes les jouissances maté-
rielles !....

N'était-ce pas ce qui faisait dire à un des ma-
gistrats les plus éclairés et les plus littéraires de
cette ville, lorsqu'il a eu lu notre manuscrit,
son crayon à la main, en nous signalant tous les
vers qui lui ont paru trop défectueux : « Vous
» AVEZ FAIT NON-SEULEMENT UNE BONNE ŒUVRE.. MAIS
» ENCORE UNE BONNE ACTION, et j'ai passé à la lire
» UNE DE MES BONNES JOURNÉES. »

Mais nous savons, Monsieur le Maire, que des
calculs trop intéréssés de certaines sociétés et
coteries littéraires et de certains journaux dont on
connaît trop les sentiments à notre égard—probablement à cause de la guerre que nous avons
faite à leurs pièces et à leurs feuilletons démora-
lisateurs, et fabricateurs de monstruosités — ont
répandu déjà, dans cette ville et ailleurs, le bruit
ridicule et faux que notre comédie de *L'EXIL
DE J.-J. ROUSSEAU*, était un tissu de per-
sonnalités contre les uns et contre les autres.

La meilleure réponse que nous puissions
faire à ces absurdités, c'est, dans les lectures
publiques que nous ferons de notre comédie,
d'en lire seulement un acte, à chaque séance,

sauf à la compléter en lisant, avant ou après, une petite étude littéraire sur les œuvres de Rousseau et sur son caractère, où nous ramènerons tous les passages de ses écrits, ou mémoires du temps, dont nous nous sommes inspiré (1), et que nous avons remis, presque textuellement, dans la bouche de nos personnages qui semblent ainsi tous revivre en corps et en âme.

Nous nous proposons, Monsieur le maire, d'entretenir nos auditeurs surtout de l'admirable correspondance de J.-J. Rousseau qui nous a été, pour notre travail, d'un si grand secours, et qui est malheureusement si peu connue de tous ceux qui font aujourd'hui de leur plume un si triste métier, en jetant les dernières injures à la face de l'homme qui a le plus honoré le véritable caractère de l'écrivain.

C'est dans cette correspondance, en effet, que la grande âme de l'immortel auteur de la *Nouvelle Héloïse,* du *Contrat social* et de l'*Emile* se

---

(1) Dans le cas où nous trouverons, enfin, un éditeur et un imprimeur sérieux pour cette œuvre si utile et si sérieuse, nous nous proposons, outre l'édition à 2 francs, d'en faire une aussi à 4 francs, comme celle de *Patrie;* mais, au lieu de mettre moitié papier blanc; nous reproduirons en *notes* tous les passages textuels des œuvres de Rousseau que nous avons traduits en vers, concernant les personnages qui figurent dans notre drame. C'est ainsi que nous justifierons surtout ce que nous ont dit tous ceux qui ont lu notre œuvre et qui tous, sans exception, ont ajouté qu'ils y ont appris beaucoup de choses qu'ils ignoraient.

montre ce qu'elle est, c'est-à-dire la digne fille de
la lecture des *Hommes illustres* de Plutarque qui
est resté et qui restera à jamais le moule des
grands hommes., des grands génies et des
grands caractères de tous les siècles... comme la
lecture des feuilletons et des évocations des hé-
ros les plus abominables des cours d'assises......
depuis le commencement du monde.... ne peut
guère engendrer qu'une génération interminable
d'assassins monstrueux, de voleurs émérites, de
caissiers infidèles etc. etc. etc.

Ajoutons encore que notre intention est de
donner à notre nouvelle comédie une suite qui
en ferait une œuvre vraiment capitale, et où nous
suivrons J.-J. Rousseau dans toutes les péripéties
de son existence, jusqu'à sa mort. Nous ferions
ensuite le même travail pour M. de Voltaire et
quelques autres des hommes qui ont le plus con-
tribué à la formation de l'ère nouvelle.

Mais, dans l'intérêt le plus précieux de la haute
et saine littérature, qu'il nous soit encore permis,
Monsieur le maire, de terminer cette lettre, —
ou plutôt cet avant-propos — en prononçant ici,
une dernière fois, le nom de cette femme géné-
reuse à laquelle nous avons dû ce réveil si sou-
dain et si inattendu de notre verve dramatique.

Honneur donc, honneur et trois fois honneur
à la mémoire et à l'inspiration de Mme **veuve
LANDRIEU!**

Oui, puisse surtout le retentissement que
pourrait avoir l'œuvre, ou plutôt l'improvisation
qu'on va lire, puisse l'exemple de MADAME

LANDRIEU, ne point être perdu pour tant de gens qui ne savent que faire et comment disposer de cet or dont ils sentent alors le vide et la désespérante inutilité!... Qu'ils se souviennent, enfin, qu'ils peuvent ainsi donner à leur nom un rayonnement littéraire, le seul durable!...

Clermont-Ferrand, octobre 1869.

P. S. Est-il nécessaire d'ajouter, Monsieur le Maire, à cette lettre déjà si longue, de quel intérêt moral et matériel il y va, pour cette ville et pour tout notre pays, que notre œuvre y soit au plus tôt imprimée et représentée, et combien il importe à ses autorités locales et administratives de ne se laisser devancer par aucune autre ville, aucun autre chef-lieu de département.

N. B. — Fidèle jusqu'au bout à nos principes de décentralisation littéraire, nous désirons que cette œuvre, écrite en province et pour la province, soit représentée dans quelques-unes des principales villes des départements avant de l'être à Paris.

Nous prions seulement MM. les maires de vouloir bien exiger *l'autorisation écrite, et signée* de M. TAPON-FOUGAS, pour la représentation de cette Comédie, comme pour toutes les pièces de son catalogue.

PERSONNAGES

Les deux premiers actes se passent à l'Ermitage, et les trois derniers à Montmorency, de 1757 à 1762.

L'EXIL

DE

JEAN-JACQUES ROUSSEAU

COMÉDIE HISTORIQUE

ACTE PREMIER.

L'Ermitage, dans le parc de Mme d'Epinay ; à droite, la façade de l'habitation historique de Rousseau ; à gauche, vis-à-vis de la maison et bordant la coulisse, un berceau d'acacias sous lequel est un banc de gazon.

Sur le devant de la scène, près de l'habitation, quelques arbres à l'ombre desquels une table couverte de livres et de papiers ; devant, un vaste fauteuil où Rousseau écrit vivement ; il fait une copie. Thérèse, assise auprès de lui, travaille à un ouvrage de couture. Rousseau tourne le dos au bosquet.

SCÈNE PREMIÈRE.

JEAN-JACQUES ROUSSEAU, THÉRÈSE LEVASSEUR.

Rousseau cesse d'écrire tout-à-coup, et promène en souriant ses regards autour de lui.

ROUSSEAU.

Que ce feuillage est beau, moitié vert, moitié jaune,
Si bien peint sous ce nom de *la feuille d'automne*,
Qui change et se nuance aux regards du soleil
De minute en minute, ainsi que l'or vermeil
Des nuages du soir, quand le jour va s'éteindre.
Thérèse, qu'en dis-tu ?...

THÉRÈSE.

        Vous savez si bien peindre,
Qu'il semble seulement que je commence à voir
Quand vous parlez.... Je vois tout cela, chaque soir,
Et ne sens qu'aujourd'hui combien c'est admirable !

       ROUSSEAU.

Les femmes, pour flatter, inventeraient le diable !...
Méchante, embrasse-moi !...
    Thérèse l'embrasse ; il continue en regardant le parc :
            Délicieux bosquets !..
Pour moi ne dirait-on que l'on vous fit exprès ?.
Quelle tranquillité, quelle paix l'on y goûte !
Cette horde holbachique, en son infâme joûte,
Se moquait, en disant que j'en aurais assez
De mon cher ermitage, après deux mois passés !...
Tous, ils semblaient avoir à l'envers la cervelle
Dès qu'ils eurent appris cette grosse nouvelle
Que je quittais Paris pour venir m'enterrer
Dans cette solitude... on me voyait errer,
Ainsi qu'une âme en peine, affamé de louanges
Et des bruits de la ville et surtout de ses fanges !...
Philosophes de nom, me jugeant d'après eux,
Envieux impuissants, sots vains et glorieux,
Croyant éterniser, à force de faconde,
Cet éphémère bruit dont on remplit le monde !...
Qui pourra croire, un jour, qu'un Grimm et qu'un d'Holbach
Aventuriers de plume et faiseurs d'almanach,
— Venant on ne sait d'où — se sont faits seuls arbitres
De l'esprit, de la gloire et de ses plus beaux titres ?...
Quand je vis Diderot, mon ami le meilleur,
Se faire l'instrument de ces gens de malheur
Pour changer en enfer mon paradis terrestre
— Ou m'en faire partir dès le premier semestre —
Quand je reçus de lui cet étrange billet
Invraisemblable, absurde, impossible et follet,
Où l'on me transformait en bourreau de ta mère....

Ta mère que j'avais prise dans sa misère,
Et que depuis dix ans, par seul amour pour toi,
J'ai pu me condamner à subir près de moi...
— Pour elle nous ôtant le morceau de la bouche, —
Oui, je suis un méchant et son bourreau farouche
Parce que je ne vais, avec elle, à Paris
Tout exprès pour servir de cible à leurs lazzis !...
Mais que dis-je?... le but secret de cette histoire
N'était-il dirigé surtout contre ma gloire?...
Ne voulait-on plutôt arrêter mes travaux
M'empêchant d'enfanter des ouvrages nouveaux ?..

THÉRÈSE.

Oh! oui, c'est bien cela !...

ROUSSEAU.

               N'est-ce point être bête
De battre la campagne, avoir martel en tête
Pour chercher le secret de cette inimitié?...
Tout cela ne devrait qu'exciter ma pitié
Et m'élever le cœur en doublant mon courage
Puisque c'est mon génie, enfin, qui fait leur rage!...

THÉRÈSE.

Mon ami, cette fois, vous êtes dans le vrai!. .

ROUSSEAU.

Mais comment le sais-tu?... Qui t'a dit?. .

THÉRÈSE.

                     Je le sai
Lorsque ma mère....

ROUSSEAU.

       Encor?...

THÉRÈSE, hésitant.

               Allait faire visite
A vos amis d'Holbach et Grimm...

ROUSSEAU, impatienté.

> Allons !... dis vite !

THÉRÈSE.

On lui recommandait avec soin de veiller
Sans cesse à ne point trop vous laisser travailler....

> Rousseau fait un mouvement de fureur.

THÉRÈSE, continuant.

Dans l'unique intérêt de votre santé frêle....
C'est pourquoi je vous fis cette sotte querelle
Si souvent !...

ROUSSEAU.

> Quels bandits et quels gredins hideux !...

Diderot vient se mettre en tiers entre les deux !...
Non, il ne serait pas, à ce point imbécile,
S'il n'avait autant qu'eux l'âme envieuse et vile !...

> Il reste un instant absorbé. — En relevant tout à coup la tête.

Nous ne finirons pas notre hiver sous ce toit....
Voilà ce que me dit tout bas mon petit doigt,
Thérèse !... En ce moment, je sens que Grimm travaille ,
Et qu'il doit avoir fait quelque rare trouvaille....
Ces lettres que chez moi l'on est venu chercher,
Que, par la force même, on voulut t'arracher,
Pour nous perdre tous deux—elle et moi...surtout elle!...—
Et dont tu te montras la gardienne fidèle,
O ma bonne Thérèse, oui, là gît le danger,
Oui, c'est là le forfait dont on veut se venger !...
Alors, n'ai-je point fait l'effroyable imprudence
De montrer le courroux qu'une telle impudence
Dans mon âme indignée avait dû soulever....
Un pareil souvenir ne saurait s'enlever ;
Madame d'Epinay put dévorer l'outrage,
Sous des dehors trompeurs dissimuler sa rage ;
Pour jouer jusqu'au bout la générosité
Elle a compris qu'il faut mettre de son côté,
Autant qu'elle pourra, toutes les apparences ;

Dans ce but, elle met toutes ses espérances
En son cher chevalier !... Est-ce assez digne d'eux ?...
Notre hiver, tu le vois, est un peu hasardeux !

THÉRÈSE.

Que faire, alors?...

ROUSSEAU.

Partir avant que l'on nous chasse,
Et rendre sans combat et les clefs et la place !...
Tu devrais t'informer.... mais fort adroitement
Ou de quelque maison, ou d'un appartement,
A certaine distance, ou dans le voisinage,
A Montmorency, Deuil, ou tout autre village....

M. le marquis de Saint-Lambert, donnant le bras à Mᵐᵉ d'Houdetot, viennent d'entrer, depuis quelques instants, par le fond
du théâtre. Au moment où Thérèse les a aperçus, ils lui ont fait
signe de se taire. Ils sont tous les deux en costume de chasse.
Saint-Lambert tient à la main deux faisans.

SCÈNE II.

ROUSSEAU, THÉRÈSE, sur le devant de la scène, SAINT-
LAMBERT ET Mᵐᵉ D'HOUDETOT, assis sur un banc de gazon,
sous un berceau d'acacias qui les dérobe à la vue de Rousseau.

THÉRÈSE, avec intention.

Peut-être faudrait-il consulter vos amis?. .

ROUSSEAU.

Mes amis sont si près d'être mes ennemis
S'ils ne le sont déjà.... J'en avais, hier, une
Encore qui m'aimait.... que j'aimais comme aucune!...
O Sophie! ô Sophie!... Imprudent que je fus!...
Chère Thérèse, j'ai. .. comme un espoir confus....

Nous aurons aujourd'hui, je crois, quelque visite.
Fais un petit dîner, à deux fins, et bien vite !...

THÉRÈSE, avec intention.

Mon ami, vous savez, pour ces cas si fréquents,
Toujours on nous envoie ou perdreaux ou faisans..

ROUSSEAU.

Et vous savez combien cela me contrarie ?...

THÉRÈSE.

Ma mère....

ROUSSEAU, vivement.

Ma maison est une hôtellerie !...
Il ne passe un seul jour, pour peu qu'il fasse beau,
Qu'il n'arrive aussitôt savant ou hobereau
Qui de mes chers travaux ne me vienne distraire.

THÉRÈSE.

Votre bonheur n'est-il d'offrir votre ordinaire ?...

ROUSSEAU.

Puis-je faire autrement.... et l'hospitalité
N'est-elle pas la loi de la fraternité ?...
Va donc mettre aux fourneaux quelque plat de réserve
Qui, ce soir, s'il n'est point utile, demain serve.

THÉRÈSE, en lui tendant la main.

Vous êtes noble et bon, mon ami !...

Saint-Lambert fait signe à Thérèse de venir prendre les faisans
et de se retirer. Elle rentre.

SCÈNE III.

LES MÊMES, MOINS THÉRÈSE.

ROUSSEAU.

Bonne sœur !...
Pourquoi te nommes-tu Thérèse Levasseur ?..

Et toi, chère Sophie, épouse de mon âme,

Mme d'Houdetot veut se lever, Saint-Lambert la retient.

Au lieu d'elle, pourquoi, pourquoi n'es-tu ma femme?...

Même jeu de scène de Mme d'Houdetot et de Saint-Lambert.

Sophie! elle! ma femme! ô profanation!...
On ne peut posséder une émanation
De la Divinité!... Ma Julie! ô Sophie!...
Pure incarnation de ma philosophie,
Type divin en qui j'ai personnifié
Le spiritualisme, enfin déifié!...
Nouveau Pygmalion et nouveau Prométhée,
Je meurs d'amour pour l'œuvre animée, enfantée
Par ma plume... et j'abats sous mes terribles coups
Le matérialisme abject de tous ces fous!...

Saint-Lambert et Mme d'Houdetot confondent leurs larmes de joie et d'attendrissement.

Avec son Dieu néant, si nous le laissions faire,
Aux abîmes sans fond nous mènerait Voltaire!...
Son génie, impuissant en reconstruction,
Ne rêve et ne se plaît qu'à la destruction.
Tout croule sous les coups de sa rare ironie...
Mais où manque le cœur stérile est le génie!...
Et c'est dans cet abîme, honnête Saint-Lambert,
Toi, mon cher Diderot, et vous, froid d'Alembert,
Que va s'anéantir toute votre puissance
Sur vos pas entraînant la malheureuse France.
Sans la base divine, hélas! l'on n'aboutit
Qu'au vide, qu'au néant, qu'à l'infini petit!...
Votre école fatale et faussement savante
Pour l'ère qui va naître à bon droit m'épouvante,
Et vous en reculez l'heureux couronnement
D'un siècle ou deux peut-être!... O triste aveuglement
Qui n'entend pas gronder la sanglante tempête!...

Ses yeux roulent des larmes.—Saint-Lambert et Mme d'Houdetot sont debout derrière son fauteuil, en proie à une émotion profonde.

Mme D'HOUDETOT.

Cher maître !

ROUSSEAU, en se levant d'un bond.
Cette voix !...

Mme D'HOUDETOT, en l'embrassant.

Non, non, ô cher prophète,
Repoussez, refoulez ce noir pressentiment !...

ROUSSEAU, en la pressant sur son cœur.

Sophie !... Ah ! je sentais, à l'attendrissement
Qui s'emparait de moi, que ma douce Egérie
Ne pouvait être loin !... influence chérie !...

En se jetant dans les bras de Saint-Lambert.

Vous voyez, Saint-Lambert, comme nous nous aimons ;
En êtes-vous encor jaloux ?...

SAINT-LAMBERT, rudement.

Mille démons !
Vous m'avez fait pleurer... presque comme une femme.

Mme D'HOUDETOT.

Comment ne point aimer un cœur si plein de flamme ?

ROUSSEAU.

Ainsi, vous étiez là... déjà depuis longtemps ?...
C'est mal !...

Mme D'HOUDETOT.

Nous avions même avec nous deux faisans...
Mais qui ne diront rien...

ROUSSEAU.

Ah ! c'est pourquoi, Thérèse...
Vous me trahissez tous !...

Mme D'HOUDETOT.

Maugréez plein votre aise,
Cher maître !... Oui, nous venons comme ces ennuyeux
Hobereaux ou savants, importuns curieux,
Manger votre dîner.

ROUSSEAU.

N'ai-je dit autre chose?...

SAINT-LAMBERT.

Nous n'avons entendu rien de plus de la glose.

ROUSSEAU.

Par intuition, ne viens-je d'ordonner
Pour convives en l'air que l'on fit un dîner?...
Vous voyez?... C'était bien le don de prescience
Qui m'annonçait déjà votre douce présence.

Mᵐᵉ D'HOUDETOT.

Nous avons entendu... mais plus confusément,
Que vous vouliez chercher un autre logement...
Vous abandonneriez votre cher ermitage?...

ROUSSEAU.

J'ai dit que ce serait plus prudent et plus sage.

SAINT-LAMBERT.

Pourquoi?...

ROUSSEAU.

Pour empêcher madame d'Epinay
De nous mettre dehors à grands coups de balai!

Mᵐᵉ D'HOUDETOT.

Ne craignez point cela.

ROUSSEAU.

Je crains tout, ô Sophie,
De Grimm et des hauts faits de sa philosophie ;
Madame d'Epinay se règle en tout sur lui,
Et j'entends une voix partout me crier : « *Fui !* »
Vous êtes avec moi de moitié dans leur haine ;
Vous en avez porté pour votre part la peine !
Non, Grimm n'a pas encore oublié vos dédains ;
En ces âmes longtemps vivent les vieux levains ;
Dans notre affection si douce et mutuelle
Leur fureur a repris une force nouvelle,
Et de nous perdre l'un par l'autre on a juré!...

SAINT-LAMBERT.

Ne voyez-vous qu'en vain ils auront conjuré?..

Mme D'HOUDETOT.

A nous trois, nous formons une triple alliance
Que rien ne peut briser !...

ROUSSEAU.

Ma vieille expérience
Me fait douter de tout.... nous naissons tous méchants,
Et couvons dans nos cœurs de monstrueux penchants,

SAINT-LAMBERT.

Faites trève, un moment, à la misanthropie,
Au moins lorsque j'amème ici votre Sophie.

Mme D'HOUDETOT.

En chasseresse encor !

ROUSSEAU, à Saint-Lambert, en lui serrant la main.

Pardon ! pardon, ami !

A Mme d'Houdetot.

Diane, votre voix m'a déjà raffermi.
Je crois sous ces habits encor vous avoir vue?...

Mme D'HOUDETOT.

Oui, la deuxième fois qu'ici je suis venue...
La première surtout.... oh ! comme je riais !...
De la boue et de l'eau jusqu'au cou j'en avais.
Et je dus emprunter une robe à Thérèse...
Mais en avons-nous ri tout le soir, à notre aise ?

ROUSSEAU.

Ce sont des souvenirs qui ne s'effacent plus...
Le mieux est d'éviter d'appuyer trop dessus.....

SAINT-LAMBERT, à part.

On n'est pas bien guéri... quand la blessure saigne !....
Il faudra que l'absence ou qu'une brouille éteigne
Le feu qui couve encor.......

va prendre son fusil. — En revenant,
haut :

> Je vous laisse tous deux ;
Causez en tout loisir de vos pudiques feux.

ROUSSEAU.

Vous devenez cruel!....

SAINT-LAMBERT.

> Retirons l'épithète.....
Il faut absolument que j'aille à La Chevrette ;
Madame d'Epinay me saurait mauvais gré....

ROUSSEAU.

Elle vous gardera.

SAINT-LAMBERT, souriant.

> Non, non, je reviendrai!

En déposant un baiser sur le front de Mme d'Houdetot,
bas.

Il le faut!....

*Il vient serrer la main de Rousseau et s'éloigne par une
des allées du parc.*

SCÈNE IV.

ROUSSEAU, Mme LA COMTESSE D'HOUDETOT

Ils se regardent quelques instants en silence.

Mme D'HOUDETOT, *en lui tendant la main.*

Mon ami, vous souffrez?...

ROUSSEAU.

> Oui, je souffre....
Comme le voyageur suspendu sur le gouffre
Béant et qui l'attire!...

Mme D'HOUDETOT.

> Il vous aime toujours!...

2

ROUSSEAU.

Mais il m'estime moins.... comme vous, chers amours!.

Mme D'HOUDETOT.

Mon bon et vieil ami, soyons donc raisonnable ;
Que votre amour se change en amitié durable
Et douce autant que pure... et nous serons heureux.....
Mais éloignons de nous les sentiments fiévreux!...
Anéantissons donc tout ce qui les rappelle,
Tout ce qui les nourrit.... et qui les renouvelle!.....
Passons sur ce délire une éponge de feu.....
Ami, rendez, rendez mes lettres!....

ROUSSEAU.

O mon Dieu!
Que me demande-t-on?... c'est tout ce qui me reste
Et d'elle, et de ce temps si doux et si funeste....
De ce rêve enivrant!...

Tout à coup, il redresse la tête, fixe sur Mme d'Houdetot un regard scrutateur..... puis, il part d'un éclat de rire :

Je ne vous savais point,
Madame, une mémoire éloquente à ce point!....
Combien avez-vous donc mis de temps pour apprendre
Cet adroit plaidoyer de philosophe tendre,
Et quel est l'holbachien qui l'a su ponctuer
Avec l'art infernal qu'on met à me tuer?...
Ah! j'y reconnais trop l'ironique sourire
Du baron allemand, son regard encor pire,
Pendant ce dîner... où madame d'Epinay
Pour voir *le Citoyen amoureux*, l'amenait.
Oui, je comprends son ton de goguenarderie,
Pendant tout ce repas, l'amère raillerie
Que distillait sa bouche, et — comble de noirceur, —
Qui de rire faisait se tordre votre sœur (1)!...
Il est vrai qu'à travers cette gaîté railleuse,
Le regard du baron d'une lueur haineuse

(1) Mme d'Epinay avait épousé le frère de Mme la comtesse d'Houdetot, qui était fermier général.

Brillait!... Puis, Saint-Lambert, en proie à ses alarmes,
Ecrivait ce billet qui vous coûtait vos larmes
Huit jours après.... à peine....

Mme D'HOUDETOT, suppliante.

O mon ami, rendez....
Rendez-les moi!....

ROUSSEAU.

C'est tout ce que vous répondez?...
Vous ne m'aimez donc plus?....

Mme D'HOUDETOT.

Je vous demande grâce!...

ROUSSEAU, avec délire.

Eh bien, Sophie, il faut... il faut que je t'embrasse
Une dernière fois... comme je t'embrassais...
La nuit, dans le bosquet d'Eaubonne où tu disais :

Il l'entraîne vers le bosquet d'acacias, la fait asseoir sur le
banc de gazon, ramène par-devant les longues boucles de ses
cheveux noirs où il noie sa figure qu'il appuie en pleurant sur les
genoux de Sophie.

Mme d'Houdetot laisse tomber ses mains sur le front de Rousseau.

Mme D'HOUDETOT, solennelle, calme et froide.

« Jamais homme ne fut, ne sera plus aimable!...
» Jamais homme n'aima, n'aimera comme vous...
» Mais votre ami, le mien, Saint-Lambert nous écoute,
» Et mon cœur ne saurait aimer ainsi deux fois (1)!

Rousseau relève son visage inondé de larmes; Sophie approche
ses lèvres de ses lèvres... Puis, elle se lève en s'arrachant à l'étreinte
de Rousseau, et elle revient sur le devant de la scène en ramenant
à la hâte ses cheveux sur ses épaules.

(1) Nous avons fait ces quatre *vers blancs*, c'est-à-dire qui ne
riment point, afin de reproduire textuellement—sauf une ou deux
syllabes de plus pour compléter chaque vers—ces lignes immo.
telles de Rousseau, et qui ont fait la gloire et l'immortalité de
son admirable amie.

ROUSSEAU toujours à genoux.

Ce sont les mêmes mots... c'est bien la même bouche
Et le même baiser!... Seulement, ce qui touche...
Les larmes n'y sont plus... ni rien!!!

Il se relève, et se dirigeant vers la maison d'un pas ferme et
résolu :

Je vais chercher,
Madame, ces papiers...

Il se retourne à plusieurs reprises pour regarder madame
d'Houdetot qui le suit des yeux. Aussitôt qu'il est rentré, elle
laisse éclater ses sanglots.

Mme D'HOUDETOT, en pleurant.

Oh! qu'ils me coûtent cher!...

Rousseau paraît à une fenêtre; en la voyant pleurer, il lève les
yeux au ciel, le front rayonnant.

ROUSSEAU.

Elle m'aime! elle m'aime encor!... (il rentre).

SCÈNE V.

MADAME LA COMTESSE D'HOUDETOT seule.

Mon cœur se brise!...
Ah! comment ai-je pu supporter cette crise?...
Saint-Lambert, Saint-Lambert! est-ce là se venger
En philosophe, hélas! d'un oubli si léger?...
Telle vengeance n'est point digne de votre âme!...
C'est celle d'un parti... c'est celle d'une femme!
Et c'est moi que l'on force à le désespérer!...
Cela ne leur suffit pas de nous séparer!
Les cruels!...

Rousseau reparaît sur le seuil; il la contemple un instant
radieux; puis il rentre et tousse à plusieurs reprises; elle s'essuie
les yeux à la hâte et reprend son masque de froideur.

SCÈNE VI.

ROUSSEAU, MADAME LA COMTESSE D'HOUDETOT

ROUSSEAU.

Pardonnez!... je vous ai fait attendre...
J'ai cru presque, un moment, qu'on les avait fait prendre,
Cette fois, tout de bon... Je ne les trouvais plus
Où je les avais mis...

Mme D'HOUDETOT.

On ne les a point lus?...

ROUSSEAU.

Thérèse leur avait choisi meilleur asile;
Intacte est l'enveloppe; ainsi soyez tranquille;
Mais assurez-vous-en, vous-même, les voici.

Mme d'Houdetot prend vivement le paquet et le jette dans une de ses poches.

Vous ne dénouez point le paquet?

Mme D'HOUDETOT.

Non, merci!
Je m'en rapporte à vous et je suis trop certaine
Qu'il n'en peut manquer une.

ROUSSEAU.

Oh! des femmes la reine!...

Mme D'HOUDETOT.

Merci! de me parler, ami, si doucement...
Comme vous me parliez dès le commencement.

ROUSSEAU.

Croiriez-vous que l'on a voulu rendre jalouse
Ma Thérèse de vous?...

Mme D'HOUDETOT.

N'est-elle votre votre épouse
Devant Dieu?... mais qui donc?..

ROUSSEAU.

Eh! votre belle-sœur
Pouvait seule inventer cette belle noirceur,
Dans l'espoir d'obtenir ces lettres!...

Mme D'HOUDETOT.

Pauvre femme !....

Que je la plains !....

ROUSSEAU.

Quel moule a donc formé votre âme?

Je ne sais maintenant si je dois réclamer....

Mme D'HOUDETOT, avec angoisse.

Les vôtres?...

ROUSSEAU.

Où l'on voit comme je sus aimer!...

Mme D'HOUDETOT, avec résolution.

Ces lettres ne sont plus.... car je les ai brûlées!...

ROUSSEAU, en se tordant les mains.

Non, ce n'est pas possible.... on vous les a volées (1)!...
Non, celle qui reçut et versa dans un cœur
Ces élans radieux d'amour et de bonheur,
Et ces embrassements éthérés de deux âmes
N'aurait point froidement livré la flamme aux flammes!...
Le feu se fût éteint!... Le feu ne mange pas
Le feu!...

Mme D'HOUDETOT, en se mettant à genoux.

Je ne mens point!... il est trop vrai, hélas!

ROUSSEAU, en la relevant.

Puisque vous l'affirmez, oui, je le crois, Sophie!
Dois-je le pardonner à la philosophie?...
Ce n'est point son seul vol à la postérité!...
Je voue au pilori sa fausse austérité!...

Saint-Lambert revient. — En le voyant, Rousseau semble prendre une détermination subite.

(1) Il est malheureusement trop certain que ces lettres ne se sont jamais retrouvées, comme tant d'autres dont nous pourrions signaler la déplorable absence dans la correspondance de Jean-Jacques Rousseau, en commençant par les deux lettres où il reprochait à Mme d'Epinay les moyens honteux employés par elle pour surprendre et s'emparer des lettres que Mme d'Houdetot écrivait ou avait écrites à Rousseau, et qui donnent la clef réelle des causes véritables qui devaient le forcer à quitter l'Ermitage. Heureusement, elles se trouvent dans les Confessions (tome III, livre IX, pages 155 à 165).

SCÈNE VII.

LES MÊMES, LE MARQUIS DE SAINT-LAMBERT.

ROUSSEAU, en allant vivement à lui.

Vraiment vous arrivez à propos, Saint-Lambert !...
Il faut que je vous parle, enfin, à cœur ouvert.
Vous-même, vous m'avez envoyé votre amie ;
Du monde où nous vivons vous saviez l'infamie ;
Vous saviez que déjà quelques-uns de ces cœurs,
Aussi lâches que vils en principes qu'en mœurs,
Daignèrent l'honorer de leur noble entreprise ?...
Sous ma garde tacite, alors, vous l'avez mise,
Pensant, avec raison, qu'en l'occupant de moi
J'entretiendrais pour vous son amour et sa foi.
Pour la première fois, lorsqu'elle m'est venue
De votre part, à peine elle m'était connue.
Je sais qu'en mon penchant à me trop attacher
Ce sont des chagrins sûrs que je vais rechercher,
Et c'est pourquoi je fuis toute amitié nouvelle !...
Aussi, pendant quatre ans, j'ai tenu bon contre elle.
Enfin, elle est venue... et je n'ai pu la fuir
Puisque c'était chez moi... je l'y vis revenir !...
Alors, de nous revoir, nous prîmes l'habitude ;
Sa présence éclaira ma sombre solitude !...
Chaque jour nous parlions de vous, de nos amis.
De Diderot, de Grimm... et de nos ennemis !...
Nous faisions des projets d'une triple alliance
Où vous apporteriez respect et confiance
Et pour elle et pour moi !...

> Avec une fureur concentrée.

> Vous venez aujourd'hui
Lui dire : « Je le veux, éloigne-toi de lui !...
» Nous avons épuisé les parfums de son âme !...
» Nous pouvons le briser, car Grimm le dit infâme !... »
Mais l'outrage n'est pas complet et triomphant...
Il faut qu'on ait forcé la malheureuse enfant

A faire dévorer mes lettres par la flamme,
Ces lettres où j'avais versé toute mon âme!...
Ce n'est pas tout encor!... On la force à venir
Les siennes m'arracher!... En elle c'est punir
Ah! bien cruellement la plus pure tendresse
Qui devrait, à vos yeux, en faire une déesse!...

SAINT—LAMBERT.

Rousseau, mon cher ami, Rousseau, pardonnez-nous!

A Mme d'Houdetot.

Mettez-vous avec moi, Sophie, à ses genoux.

Rousseau leur ouvre ses bras et les relève. Saint—Lambert continue :

Le mensonge ne peut avoir cette éloquence...
Non, je ne doute plus... plus de votre innocence :
Tout ce qu'ils m'ont écrit et tout ce qu'ils m'ont dit,
Ce n'est que faussetés, langage de maudit!...
Vous cherchiez, disait-on, à me nuire auprès d'elle;
Bien plus, sous le manteau d'une vertu cruelle,
Vous faisiez mille efforts pour me l'aliéner
Pour, au nom de certains devoirs, la ramener
En des nœuds odieux!...

ROUSSEAU.

C'est un mensonge infâme!
Et je vous somme, ici, de lui dire, madame,
Que cela n'est point vrai!... Moi, j'aurais pu tenter,
Moi, j'aurais pu songer, une heure, à vous ôter
L'un à l'autre!... Sophie, est ce vrai?...

Mme D'HOUDETOT.

Non, je jure
Que vous ne m'avez fait jamais pareille injure.

ROUSSEAU.

Ah! vous le voyez bien! de Jean-Jacques Rousseau
Le cœur ne porte point un si perfide sceau....
Jamais la trahison n'entra dans sa poitrine!...
De votre âme je sais l'honnêteté divine!...

Je blâme vos liens; au fond de votre cœur
Vous les blâmez aussi!... mais un amour vainqueur
Tel que vous l'éprouvez, mérite l'indulgence,
Car le bien qu'il produit pour votre âme est immense!
Sachant combien de vous son cœur est amoureux,
Moi, j'aurais pu vouloir vous rendre malheureux
L'un par l'autre?... Jamais!... Votre union si tendre
M'inspire un tel respect qu'on me verrait défendre
Moi-même, le premier, de la conduire au ciel
Par le rude chemin d'un désespoir mortel!...

    Avec pressentiment et solennité.

Mes enfants, il n'est plus d'âmes comme les vôtres;
On ne peut les juger... comme on juge les autres;
Vous méritez de vous aimer jusqu'au tombeau;
Il m'est doux d'être en tiers dans ce duo si beau!
De me l'avoir rendu que je vous remercie!....

    Ils se tiennent tous les trois embrassés.

SCÈNE VIII.

LES MÊMES, THÉRÈSE.

THÉRÈSE.

Madame d'Houdetot, votre chasse est servie!..

        (La toile baisse.)

FIN DU PREMIER ACTE.

Clermont-Ferrand, 15-20 août 1869.

2*

ACTE DEUXIÈME.

La scène, dans la maison de Rousseau, à l'Ermitage; il est assis à sa table de travail; sa lampe brûle encore quoique le jour commence; il vient de terminer deux lettres qu'il est sur le point de fermer et de cacheter. Thérèse, qui va et vient, lui prépare son café à la crème.

SCÈNE PREMIÈRE.

ROUSSEAU, THÉRÈSE.

ROUSSEAU.

Non, mes pressentiments n'étaient point chose vaine!...
J'ai bien prophétisé de Grimm et de sa haine;
C'est bien là ce grand coup si longtemps médité
Par qui je devais être atteint, précipité,
Sans pitié ni merci, d'abîmes en abîmes!...
Peut-être on me fera le plus affreux des crimes
De ces deux lettres là!... Thérèse, qu'en dis-tu?...

THÉRÈSE.

Mon ami, déjeûnez... vous êtes abattu...
Vous avez trop écrit, cette nuit...

ROUSSEAU.

          Ce voyage
Ridicule, insensé, qu'en hiver, à mon âge,
Mes amis les plus chers prétendent m'imposer,
Qu'en dis-tu?...

THÉRÈSE.

        Je me dis : Comment peut-on oser
Vous demander cela?... C'est à ne rien comprendre
A ce motif sans nom qui les fait tous s'entendre

Pour vous faire un devoir — avec votre santé
Qui, durant chaque hiver, vous retient alité —
D'escorter malgré vous une noble comtesse.

ROUSSEAU.

Ton bon sens voit bien clair dans leur scélératesse!...
Par ta bouche le sort vient d'en être jeté...
Par toi que tout cela, ce matin, soit porté
Et remis, en passant, Château de la Chevrette;
Puis, tu vas, en tenant la chose fort secrète,
Jusqu'à Montmorency, dire à monsieur Mathas
Que je prends sa maison, et tu m'apporteras
Le bail.

THÉRÈSE.

Décidément, nous quittons l'Ermitage?

ROUSSEAU.

Nous ne pouvons, Thérèse, y rester davantage...
Va donc, et que le bail soit tout prêt à signer...
Tu viendras m'embrasser avant de t'éloigner...
Cela nous portera bonheur!

Elle sort.

SCÈNE II.

ROUSSEAU, SEUL, avec enthousiasme.

Je vais donc être
Libre, enfin!... et je vais redevenir mon maître!...
Je vais être chez moi!... Je vais m'appartenir!...
Je reprends le présent... et je tiens l'avenir!...
On m'avait transformé ce charmant Ermitage
En lieu de servitude et presque d'esclavage!...
Quels projets je formais de travailleur fécond!...
Que n'ai-je point senti bouillonner dans mon front!...
Il en devait surgir ces pages éloquentes
Qui sont encore en germe, ou des feuilles volantes,
Après plus de vingt mois!... Il est temps d'en finir,
De changer ce passé contre un autre avenir
Plus glorieux!...

SCÈNE III.

ROUSSEAU, THÉRÈSE.

THÉRÈSE, en toilette de ville.

Rousseau, mon ami, je suis prête!...

ROUSSEAU, en lui remettant les deux lettres.

Ces lettres au château... Mais surtout sois discrète,
Et recommande bien le secret à Mathas...
Allons, embrasse-moi... ne te retarde pas!...

Thérèse l'embrasse et sort.

SCÈNE IV.

ROUSSEAU, seul.

Chère enfant, dont les soins me sont si nécessaires,
Si j'en croyais pourtant les secrets émissaires
Ou les dupes de Grimm, ce serait un devoir
Pour moi de te livrer au dernier désespoir!...
Et si je me refuse à cette turpitude,
On va me proclamer monstre d'ingratitude!...
Ah! que j'avais raison de haïr les bienfaits,
Et de les repousser disant que je ne sais
Jamais le moindre gré de tous ceux qu'on m'impose;
Qu'au contraire cela rompt tout et m'indispose!...
Qu'éclate le collier dès qu'il se fait sentir!...

Madame d'Epinay se complût à bâtir,
Dans un coin de son parc, un petit ermitage...
Et puis, le fît meubler au mieux pour notre usage!...
Dans ma patrie, alors, je devais revenir...
Elle ne fait cela que pour me retenir;
Ce n'est qu'en employant l'intrigue et l'insistance
Qu'enfin elle a vaincu ma juste résistance!...
La voix de mes amis, mes vœux et mes penchants
Cédèrent, dans mon cœur, à des soins si touchants.

Bientôt je m'aperçus, dans cette solitude,
Que je n'étais point seul... qu'on prenait l'habitude
De me faire appeler, malade ou bien portant,
Dès que l'on s'ennuyait un peu trop, un instant,
Et Rousseau devenait.. dame de compagnie!...
Ce fut notre début... la première avanie!...
Il faut, comme je l'aime, aimer la liberté;
Il faut, comme je l'aime, aimer la pauvreté;
Il faut avoir mon âme et mon indépendance
Pour comprendre à quel point je hais la dépendance
Sous un toit étranger où je n'ai rien à moi,
Où tout me crie, enfin : « *Non! tu n'es pas chez toi!* »
Et pourtant j'ai vécu vingt mois à l'Ermitage,
Sous les plus beaux semblants, dans le pire esclavage,
Servi par vingt valets... moi-même nettoyant
Mes souliers... le matin!... et le soir festoyant,
Gorgeant mon estomac d'aliments indigestes!...
Oh! que je regrettais ma gamelle et mes restes!...

Diderot et Mme d'Houdetot paraissent au fond, à l'une des portières qu'ils viennent de soulever; ils sont restés immobiles en entendant Rousseau, qui, se tenant la tête de ses deux mains, leur tourne le dos.

SCÈNE V.

ROUSSEAU, DIDEROT, Mme LA COMTESSE D'HOUDETOT.

ROUSSEAU, continuant à se croire seul.

Puis, mon travail auquel il faut absolument
Les bois, la solitude et le recueillement!..
Et puis... le temps perdu?...—Passons-le sous silence!—
Et pourtant quelle somme et quel trésor immense
Peut payer la minute, où, pour l'éternité,
J'écris un mot qui fait loi pour l'humanité?...
Qui de moi maintenant, ou de ma protectrice,
Coûta plus cher à l'autre, et fit le sacrifice
Le plus grand, le plus beau?... Mon ami Diderot
Mouvement de Diderot.

Doute que ce soit moi !... Madame d'Houdetot...

Mouvement de Mme d'Houdetot.

Elle-même... me blâme !... Elle croit mon absence
Utile à son repos !... Oh ! quelle est ta puissance,
Égoïsme infernal, si, dans un pareil cœur,
Contre toute raison, tu demeures vainqueur ?

Il reste un instant absorbé. Diderot est sur le point de s'avancer en prenant le bras de madame d'Houdetot qui semble profondément affectée, lorsque Rousseau se lève tout à coup de son fauteuil et s'écrie :

Mais que parles-tu donc, ô Rousseau, d'égoïsme,
Toi qui veux imposer aux autres l'héroïsme !...
Ose donc avouer ta propre indignité,
Et que c'est ton amour, encor, qui t'a dicté
Tout ce beau plaidoyer, que tu fais à toi-même,
Dont le refrain secret est toujours : « Oh ! je l'aime !... »

Diderot et madame d'Houdetot laissent retomber la portière.

DIDEROT, appelant en dehors.

Rousseau, mon cher Rousseau... n'êtes-vous point par là ?...

ROUSSEAU.

La voix de Diderot !

DIDEROT, paraissant avec madame d'Houdetot.

Madame, le voilà !

ROUSSEAU.

Madame d'Houdetot !...

Il reste pétrifié.

DIDEROT.

C'est lui... ce grand coupable !..

Mme D'HOUDETOT, souriant.

Coupable malgré lui.

DIDEROT.

Répondez donc !... que diable !...

ROUSSEAU, hésitant.

C'est étrange !... Au moment où vous êtes entrés...

DIDEROT.

On priait le bon Dieu de nous voir éventrés,
Et nous, et l'ami Grimm.

ROUSSEAU.

Madame la comtesse,
Vous étiez là, bien sûr!...

Mme D'HOUDETOT, en lui remettant un pli.

J'apporte à votre adresse
Une lettre...

ROUSSEAU, en voyant l'écriture.

Il est mieux (1)?...

Mme D'HOUDETOT.

Il est presque guéri!...

ROUSSEAU.

Je l'avais deviné quand vous avez souri!...
Il parcourt la lettre avec attendrissement... En continuant à lire :
Oh! le vaillant ami!... Comme il nous rend hommage!...
Des autres cette lettre, au moins, me dédommage!...
Excellent Saint-Lambert!... cœur droit et généreux!...
Que tu mérites bien par elle d'être heureux!...

A Madame d'Houdetot.

Cette lettre est pour vous une invincible égide,
Et vous entourera de mon respect rigide
Comme d'une auréole! — A son prochain retour,
Nous formerons, dit-il, un vrai trio d'amour,
De pure affection et d'immense tendresse
Qui rempliront nos cœurs d'immortelle allégresse.

En allant à Diderot et lui prenant les mains.

Vous étiez, Diderot, inspiré par les cieux,
Quand vous m'avez donné ce conseil précieux
D'écrire à Saint-Lambert avec toute franchise ...
Plût à Dieu que toujours votre chère entremise

---

(1) Voir à la fin de l'acte la note relative à cette maladie.

Fût si bien inspirée!... Est-ce la même main
Qui me traçait hier ce billet inhumain,
Qui m'ordonnait d'aller, même à pied, à Genève,
En hiver, — quand mes maux ne laissant paix ni trève,
Me mettent chaque jour à deux doigts du trépas, —
Et dans l'unique but de m'enchaîner aux pas
D'une femme malade?....

En prenant la main de Mme d'Houdetot.

Et vous aussi, Madame,
Vous avez presque fait un devoir à mon âme,
A ma reconnaissance.... en mon pays d'aller,
Au milieu d'une suite, en laquais m'étaler?...

Mᵐᵉ D'HOUDETOT.

Rousseau, vous supposez qu'une telle pensée....

ROUSSEAU.

Est loin de votre cœur... Je vous sais trop sensée
Et trop bonne surtout pour vous en soupçonner.
On a trouvé ce biais pour vous faire donner
Dans cet assaut qui doit, d'une manière ouverte,
Me pousser à l'abîme et décider ma perte!.....
N'est-ce pas, Diderot?

DIDEROT.

Je commence, en effet,
A croire que ce Grimm....

ROUSSEAU.

Oh! croyez tout-à-fait!...
Diderot, mon ami, ne sois plus son complice,
Et ne m'inflige plus cet horrible supplice
De te voir l'instrument du plus cruel bourreau
Que la haine ait jamais sorti de son fourreau!...
Retire ces conseils de lâche servitude!
Tu sais qu'à ma pensée il faut la solitude
Et pleine liberté!... Sans souliers, plus mal mis
Qu'un valet, je ne veux... rien, rien de mes amis...
Rien... que de me laisser et libre et misérable!...

O fortune!... fortune, et vile et méprisable,
Si, dans ton sein, du pauvre on ne peut se passer,
S'il te faut, sous tes pieds, des fronts à rabaisser,
Des hommes sans argent, sans habit, sans ressource,
Et les regards fixés sans cesse vers ta bourse....
Que tous tes favoris, oui, je suis plus heureux,
Un million de fois!... je puis me passer d'eux!...

Mme D'HOUDETOT.

Ignorez-vous, Rousseau, combien ma sœur vous aime?...

ROUSSEAU.

Eh! peut-être bien moins que je l'aime moi-même!...
Mais, sous certain côté, je crois que seulement
Notre amitié diffère essentiellement!....
Amitié! que ton nom a le sens élastique!...
Que tu pourrais monter une riche boutique
Avec ce qu'il contient!... J'y vois surtout des fers
Et des chaînes de quoi réjouir les enfers!...
Non, non, cette amitié qui réclame un salaire
N'est plus de l'amitié!... c'est un prêt usuraire...
C'est l'huissier, le recors présentant son billet....
C'est le maître agitant, faisant claquer son fouet,
Car l'amitié finit où l'intérêt commence!...

DIDEROT.

On doit....

ROUSSEAU.

          Se dévouer jusques à la démence;
Entre de vrais amis tout doit être en commun;
Avec celui qu'on aime on ne doit être qu'un....
C'est le premier devoir de l'amitié fidèle,
Rien ne doit effrayer et faire douter d'elle....
Le riche donne l'or, le pauvre son conseil,
Ses jambes et ses bras, ses veilles, son sommeil;
Sans y songer, son sang et sa vie et son âme,
Mais tout spontanément et sans qu'on le réclame....
Il faut donc pour cela qu'entre les deux amis
De naissance, de rang, de cœur, le ciel ait mis

Clermont-Ferrand, 21-23 août 1869.

Complète égalité, sympathie admirable!...
C'est pourquoi l'amitié rarement est durable
Entre les grands et nous... Son redoutable écueil,
C'est, d'une part, l'esprit de caste et son orgueil;
De l'autre, c'est l'esprit trop humble et trop servile;
Chez l'un, l'âme est trop haute, et chez l'autre, trop vile.
N'est-ce point vrai, madame?... Est-ce vrai, Diderot?...

DIDEROT.

Oui, pour certains de nous surtout, cela l'est trop!....

ROUSSEAU.

Mais supposons que Grimm à son avis me gagne :
Me voici décidé.... je pars et j'accompagne
Madame d'Epinay... pour soigner sa santé....
— Sans me fier au bruit, à plaisir inventé,
Que Grimm a de son mal touché le bénéfice
Pour m'en faire porter l'honneur du sacrifice. —
A Genève, elle doit passer huit mois au moins....
De quelle utilité pourraient être mes soins
A la femme d'esprit, fermière générale,
Et traînant à sa suite une maison royale...
Pouvant choisir parmi l'essaim des beaux esprits
Qui hantent ses salons, de son mérite épris,
Et sont tous bien portants, dans la force de l'âge. .
Lorsqu'un mal incurable et que rien ne soulage
Me couche tout l'hiver sur un lit de douleurs,
Espérant, chaque jour, la fin de mes malheurs....
Et voilà, cette nuit, ce que je viens d'écrire
A Grimm lui-même!... et pût le monde entier le lire!...

DIDEROT.

Vous avez fait cela?....

Mᵐᵉ D'HOUDETOT.

C'était pour l'empêcher
Que nous venions.....

DIDEROT.

Je crois que vous le paierez cher !

On entend un bruit de voiture.

ROUSSEAU, en regardant à la porte.

C'est quelqu'un du château!... mordieu! je vous annonce
Notre ami Grimm lui-même apportant sa réponse.

Grimm paraît.

SCÈNE VII.

LES MÊMES, GRIMM.

GRIMM, en entrant, avec surprise.

Madame d'Houdetot!... Mon ami Diderot!....

Grimm hésite un instant. — Diderot et Mme d'Houdetot veulent.
se retirer. — Grimm en les retenant.

Oh! vous pouvez rester... vous n'êtes point de trop!...
Puisque monsieur Rousseau désire qu'on réponde
A son impertinence, à la face du monde,
Ce sera bientôt fait!... Je ne puis hésiter (1)....
Non, non, je ne dois plus aujourd'hui consulter
Rien... que ce que je dois à tout ce qu'il outrage,
En sa monomanie et dans sa folle rage.
Je dois le dire ici : jamais je n'opinai
Pour que Monsieur suivit madame d'Epinay
En Suisse... et si la voix de la reconnaissance,
D'accord, en son élan, avec sa conscience,
L'eût fait se proposer, du premier mouvement,
On aurait refusé ce noble dévoûment,
Rappelant à Monsieur ce qu'il doit à ces femmes
Qu'il traîne derrière lui dans ses rêves de trames!...
Mais croyez qu'à Monsieur nullement je n'en veux
Si tels n'ont point été ses sentiments, ses vœux....
Il est vrai que j'appris, dès mon retour en France,
Que, malgré mes conseils, en proie à la souffrance,

(1) La lettre authentique de Grimm, dont nous avons tiré et re-
produit autant que possible toute cette longue tirade, porte la date
du 3 novembre 1757 et se trouve dans le deuxième volume des *Mémoires de Mme d'Epinay,* page 386. Au moment où l'on a bien voulu
nous prêter ces mémoires, nous avions écrit déjà à peu près quatre
actes de notre comédie. Cet ouvrage ne nous a donc guère servi
qu'à faire la fin de cet acte, si difficile et si capitale. Nous avions
deviné tout le reste.

Pour Genève monsieur avait voulu partir...
—Je le mets au défi, moi, de me démentir !—
Nos amis ont pensé qu'occasion plus belle,
Plus honnête... surtout plus simple et naturelle
Ne pouvait à souhait venir, se présenter...
Le peu d'empressement qu'il eut d'en profiter
Devait donc exciter notre juste surprise...
On ne soupçonnait point, alors, son entreprise
Qui d'indignation tous nous a fait frémir!..
Mais de tant de noirceur on ne peut que gémir...
Monsieur n'ose-t-il point se dire en esclavage,
Depuis deux ans bientôt qu'il vit à l'Ermitage,
Objet de la plus vive et noble affection
D'une femme pour lui pleine d'attention?...
Oh! si je pardonnais si noire ingratitude,
Non, ce ne serait plus de la mansuétude!...
Ce serait, de ma part, de la complicité!...
Je mettrai donc ma gloire et ma félicité
A ne vous plus revoir, chassant de ma mémoire
De vos vils procédés la désolante histoire!...
Laissez-moi donc, en paix, m'appliquer à bannir
De nos anciens rapports jusques au souvenir,
Et veuillez m'oublier, sans plus troubler mon âme!...
Surtout n'injuriez plus cette noble femme;
Rappelez-vous que j'ai cette lettre, en mes mains,
Où vous vous proclamez le dernier des humains;
Qu'elle doit, en prouvant le monstre que vous êtes,
Montrer aux yeux de tous mes sentiments honnêtes.

ROUSSEAU.

Ma défiance était trop juste à votre égard (1),
Je dois le reconnaître, hélas ! un peu trop tard!...
Voilà donc le fin mot de l'intrigue infernale
Qui, depuis si longtemps, dans sa trame fatale,
M'enveloppe et m'étreint afin de m'étouffer? ..
Maintenant vous venez à nos yeux triompher

(1) Voir la réponse de Rousseau dans sa correspondance, tome x, page 176, lettre clxx (Édition Hachette, 1865.)

Parce que vous m'avez arraché cette lettre,
En la dénaturant, qui doit me compromettre
Aux yeux de vos pareils, qui peuvent croire en vous?...
Allez, je vous permets de la montrer à tous
Et de la promener sur toute la surface
Du globe... seulement, faites-moi cette grâce :
Haïssez-moi tout haut avec férocité,
Pour vous donner de moins ce gant de fausseté!...

Thérèse paraît et s'arrête au fond de la scène; elle tient à la main un rouleau de papiers. Elle observe silencieusement tous les personnages en scène et semble chercher à se rendre compte de ce qu'elle voit.

SCÈNE VIII.

LES MÊMES, THÉRÈSE.

GRIMM.

Ah! pardon! j'oubliais que j'avais une lettre
Que l'on m'avait chargé, monsieur, de vous remettre.

ROUSSEAU, en parcourant le pli.

Madame d'Epinay me donne mon congé!...

Thérèse fait quelques pas au-devant de Rousseau.

Ah! te voilà, Thérèse?... Eh bien, as-tu songé
A ce que je t'ai dit?... Est-ce que l'on m'apporte
Ce bail que j'attendais?...

GRIMM.

Quel bail?

ROUSSEAU.

Que vous importe?...

Thérèse, réponds-moi!...

THÉRÈSE.

Mon ami, le voici!...

ROUSSEAU, en le parcourant des yeux.

Nous allons habiter, ce soir, Montmorency.

Madame d'Epinay, sans tarder davantage,
Peut reprendre, demain, les clefs de l'Ermitage.
Annoncez-le lui donc, vous, son ambassadeur !...
Allez !...

GRIMM, à part.

Il restera !... tout est perdu !... Malheur !...

En se retournant tout à coup vers Diderot :

Mon très-cher Diderot, ainsi que vous, madame,
Madame d'Epinay tous les deux vous réclame...
Elle part pour Genève... et c'est moi qu'elle attend
Pour monter en voiture...

Mᵐᵉ D'HOUDETOT.

Oh ! j'y cours à l'instant !...

Diderot et Madame d'Houdetot sortent aussitôt, sans prendre
garde à Rousseau, qui reste atterré. Grimm les suit en laissant
échapper un sourire de triomphe.

SCÈNE IX.

ROUSSEAU, THÉRÈSE.

ROUSSEAU, éclatant.

Maintenant, est-ce clair ?... quel monstre épouvantable !...
Enfin, il a jeté son masque sur la table !...
Il vient de se montrer tel qu'il est, cette fois !...
Tel que, depuis deux ans, je le soupçonne et vois !...
Voilà donc cet ami que je pris, pauvre hère,
Et que j'ai retiré presque de la misère ;
A qui j'ai prodigué tous mes plus chers amis,
Et qui, l'un après l'autre, aujourd'hui les a pris...
Sans m'en laisser un seul !... et c'est lui qui me chasse !...
De me déshonorer c'est lui qui me menace !...
Et comme ils se sont tus, elle et lui ; tous les deux,
Les plus chers que m'ait pris ce scélérat hideux !...
Il ne s'appelle pas Grimm ! Non, il se nomme CRIME
La seule chose, en lui, qui soit ou qui se grime,
C'est son âme perverse !... Hypocrite intrigant !...
Fatalité qui mit sur mes pas ce brigand !...

Vil démon envieux qui me tuera peut-être,
Pour cela seul, qu'il voit en ma plume son maître!...
Fléau de Dieu!... tu veux être mon Attila,
Comprenant que si tout ce que je me sens là
Doit sortir de ce front à cervelle profonde,
Je serai la lumière... et le phare du monde!...

La toile baisse.

FIN DU DEUXIÈME ACTE.

Renaison (Loire), 18-19 septembre 1869.

UN PETIT INTERMÈDE

Nous croyons devoir utiliser les deux pages qui nous restent de cette feuille, en avertissant, avant tout, nos lecteurs qu'au moment où nous avons remis à l'imprimeur le commencement du manuscrit de notre comédie, le premier acte formait alors *un prologue*; ce n'est qu'au moment de donner l'acte suivant que nous nous sommes décidé à le couper entièrement.

Il est résulté de cette opération que le deuxième acte actuel qui se trouvait, de fait, être le troisième, manque un peu de préparation; mais la principale lacune qui se fasse sentir est, sans contredit, le retour de St-Lambert à l'armée de Westphalie et sa maladie, c'est-à-dire l'attaque de paralysie dont il fut atteint presque aussitôt, et qui le força à quitter le service du roi, au milieu de sa carrière, pour se consacrer aux lettres et à la philosophie.

Nous tâcherons de remédier à cette lacune, aux répétitions, en nous réservant, plus tard, de reproduire soit dans une nouvelle édition, soit aux représentations, cet acte qui donnait au personnage de Grimm un peu plus de développement et de relief, et qui mettait en scène M. et Mme d'Epinay, le baron d'Holbach, etc., etc.

Nous sommes obligé d'interrompre, pendant quelques jours, l'impression de nos trois derniers actes, pour nous occuper activement de la mise en répétition de

notre comédie sur plusieurs scènes de province, si cela
se peut, en provoquant, en même temps, le plus grand
nombre de souscriptions possibles partout, au moyen
de ce premier tirage provisoire. Nous osons espérer que
nos premiers souscripteurs seront les plus fervents pro-
moteurs de ces nouvelles souscriptions qui nous sont
indispensables.

Ainsi que nous l'avons dit dans notre préface, notre
comédie a été lue à un grand nombre de nos amis, —
dont nous avons inscrit tous les noms avec la date de
nos lectures, — à mesure que nous l'avons écrite, en
chassant, de château en château, de ville en ville. Comme
nous avons dû confier notre manuscrit à plusieurs
imprimeurs de Vichy, de Cusset et de Clermont, pour
le leur faire lire, et comme les deux premiers actes
ont été déposés immédiatement à la préfecture de Clermont, afin de régulariser notre propriété et de prévenir
tout abus, il est bien entendu que, n'en déplaise aux *ré-
dacteurs de M. Villemessant et Cie, jouant les rôles de
M. Lecoq pour forcer les gens à mourir de faim* (sic), —
c'est lui qui s'en est vanté (1) ! — oui, nous le répétons,
il est bien entendu que *toute citation non autorisée,* dans
quel journal et dans quel pays que ce soit, sera pour-
suivie selon toutes les rigueurs de la loi, quoique nous
ait dit, dès 1853, M. Jules Janin, dans un discours vraiment digne de Grimm et de tous les Holbachiens... de
1869, et qui se trouve traduit, mot pour mot, dans ces
vers d'une de nos satires à son adresse :

« Votre nom au silence est un nom condamné (2),
» Si vous ne voulez point vivre comme un damné !
» De Molière et Voltaire eussiez-vous le génie,
» Du temple de mémoire on vous excommunie;
» TOUT CE QUE VOUS FEREZ ON VOUS LE VOLERA;
» AUCUN DRAME DE VOUS JAMAIS NE SE JOUERA. »

　　　　　　　　F. TAPON-FOUGAS.
　　(Extrait de la satire XXV de *la Nouvelle Ménippée.*)

(1) Voir, dans *le Figaro* du 11 février 1869, les fameux *Mémoires
d'un dévalisé,* dont nous attendons toujours la fin, et les scènes
de la faim !...

(2) « On ne prononcera jamais le nom d'Erostrate ! » Voir l'ar-
ticle *Variétés* du 25 avril 1856, du *Journal des Débats.*

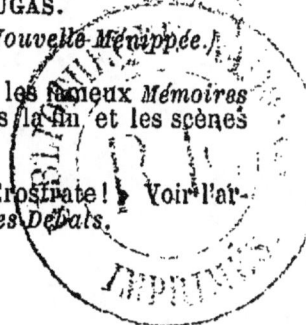

www.ingramcontent.com/pod-product-compliance
Lightning Source LLC
LaVergne TN
LVHW022206080426
835511LV00008B/1595